Das Alte Land

Das Alte Land

Ein Porträt – A Portrait – Un Portrait

Oliver Falkenberg
Linda Sundmaeker

Mit 93 Abbildungen

Edition Temmen

Die Deutsche Bibliothek verzeichnet diese Publikation in
der Deutschen Nationalbibliografie; detaillierte bibliografische Daten sind
im Internet über http://dnb.ddb.de abrufbar.

Bildnachweis:
S. 19: Altländer Gästeführerinnen und -führer
S. 60: Elbe-Obst
Alle übrigen Abbildungen: Oliver Falkenberg und Linda Sundmaeker

Übersetzungen:
Hildegard und David Skevington (Englisch)
Elisabeth Dumontier (Französisch)

1. Auflage 2007

Hohenlohestr. 21 – 28209 Bremen
Tel. 0421-34843-0 – Fax 0421-348094
info@edition-temmen.de – www.edition-temmen.de

Gesamtherstellung: Edition Temmen
ISBN 987-3-86108-960-5

Das Alte Land

Ein Porträt

Vor den Toren Hamburgs erstreckt sich am Südufer der Elbe bis hin nach Stade das Alte Land. Nicht nur Hamburger, sondern Gäste von nah und fern lassen sich vor allem während der Obstblüte von Ende April bis Mitte Mai hierher locken, wenn etwa 16 Millionen Kirsch- und Apfelbäume das Land in ein kilometerlanges Blütenmeer verwandeln. Ein Besuch dieser einmaligen Kulturlandschaft lohnt sich aber zu jeder Jahreszeit. Stattliche Altländer Bauernhäuser mit ihren Prunkpforten und Brauttüren laden ebenso zum Entdecken der Region ein wie die zahlreichen Obsthöfe mit ihren Hofläden und Straßenständen, wo die Altländer Spezialitäten zu lukullischen Genüssen verführen. Zahlreiche Baudenkmale aus dem 16. und 17. Jahrhundert sind im Alten Land erhalten, wie die sehenswerten Herrensitze und Kirchen. Acht der zehn Gotteshäuser beherbergen prächtige Orgeln des berühmten Orgelbauers Arp Schnitger. Wer den Landstrich richtig kennen lernen möchte, der unternimmt ausgedehnte Rad- und Wandertouren auf den Deichen, durch die Obstplantagen oder an den Elbstrand.

Ein besonderes Schauspiel hat die Erntezeit zu bieten, wenn sich die Apfelbäume im goldenen Herbstlicht unter der Last ihrer saftigen und knackigen Früchte biegen.

A Portrait

The Alte Land extends from close to Hamburg as far as Stade on the south bank of the Elbe. Not only the people of Hamburg but also visitors from far and near are attracted to this area during blossom time, from the end of April to the middle of May, when around 16 million cherry and apple trees transform the countryside into a vast sea of blossom. A visit to this unique cultivated landscape is however worthwhile at any time of year. The splendid Altland farms, with their characteristic gateways (Prunkpforten) and their bridal doors (Brauttüren), are an invitation to discover the region, just as are the numerous fruit farms with their farm shops and street stalls offering Altland specialities to tempt the gourmet's palate. Numerous buildings dating from the 16th and 17th centuries, such as the many appealing manor houses and churches, have survived in the Alte Land. Eight of the ten churches house excellent organs crafted by the famous organ-builder Arp Schnitger. Those wishing to familiarise themselves with the area at first hand can take extended bicycle rides or walking trips on the dykes, through the fruit plantations and along the banks of the Elbe.

A particular spectacle is to be seen at harvest time when apple trees sway under the load of their juicy and crunchy fruits in the golden autumn sunlight.

Un Portrait

Aux portes d'Hambourg, l'Alte Land (le vieux pays) s'étend sur la rive sud de l'Elbe jusqu'à Stade. Il attire les Hambourgeois comme les autres visiteurs proches et lointains, surtout pendant la floraison de fin-avril à mi-mai, lorsqu' environ 16 millions de cerisiers et pommiers métamorphosent la région en une mer de fleurs sur des kilomètres, mais aussi en toutes saisons. D'imposantes maisons paysannes avec leurs portails d'honneur et les portes des mariées invitent à découvrir la région tout autant que les nombreuses fermes fruitières avec leurs magasins à la ferme et les étals au bord des routes, où les spécialités de l'Alte Land vous incitent à des plaisirs raffinés. De nombreux monuments des 16ème et 17ème siècles existent encore dans l'Alte Land, comme les remarquables manoirs et églises. Huit des dix églises abritent de magnifiques orgues du célèbre facteur d'orgues Arp Schnitger. Pour véritablement connaître cette région, il faut entreprendre de longues promenades à pied ou à vélo sur les digues, à travers les plantations de fruits ou sur la berge de l'Elbe.

L'époque de la récolte offre un spectacle particulier, quand les pommiers, dans la lumière d'automne dorée, ploient sous le poids de leurs fruits juteux et croquants.

Drei Meilen Altes Land

Systematisch wurde das Alte Land etwa ab dem 12. Jahrhundert von Stade aus nach und nach besiedelt. Als Landesherr warb der Bremer Erzbischof Friedrich holländische Spezialisten an, die bei der Landgewinnung und Entwässerung an der Unterelbe helfen sollten. Aus dem 15. Jh. stammt die Bezeichnung »Meile« für jedes der drei Gebiete, in die das Land aufgeteilt ist. Die Erste Meile ist begrenzt von den Flüssen Schwinge und Lühe, die Zweite Meile schließt sich von der Lühe bis zur Este an und die Dritte Meile liegt zwischen der Este und der alten Süderelbe in der Nähe von Moorburg.

Vor der Eindeichung und Trockenlegung war der Landstrich nur dünn besiedelt. Um 600 v. Chr. ließen sich die Chauken hier nieder, ihnen folgten die Sachsen (2. Jh. n. Chr.), die bereits Ackerbau und Viehzucht betrieben. Orte mit Endungen auf -fleth (z.B. Bassenfleth, Twielenfleth etc.) verraten noch ihren sächsischen Ursprung.

Zeichen des holländischen Einflusses sind nicht nur die Deiche und die in regelmäßigen Abständen schnurgerade verlaufenden Fleete und Wettern, die bis heute das Alte Land prägen. Geographische Namen wie Hollern, Hollerdeich, Holländerbruch, Nincop und Ladekop verweisen noch heute auf die Herkunft der Kolonisten.

Der Obstbau entwickelte sich etwa seit der Mitte des 19. Jh. Zu dieser Zeit florierte auch das Werftgeschäft, denn die Ernte-

The Three Miles of the Alte Land

From about the 12th century onwards, the Alte Land was progressively settled from Stade. The sovereign Archbishop Friedrich of Bremen enlisted the services of Dutch specialists to assist with land reclamation and drainage along the lower Elbe. The term "Mile" for each of the three areas into which the Alte Land is divided goes back to the 15th century. The First Mile is bordered by the rivers Schwinge and Lühe, the Second Mile extends from the Lühe to the Este, and the Third Mile lies between the Este and the old Süderelbe near Moorburg.

Before the building of dykes and excavation of drainage ditches, the area was sparsely inhabited. Around 600 BC the Chauci settled here, followed by the Saxons in the 2nd century AD who tilled the land and reared cattle. Names of settlements ending in "-fleth" (for instance, Bassenfleth, Twielenfleth) tell of their Saxon origin.

The dykes and the parallel drainage ditches crossing the landscape at regular intervals, and to this day so characteristic of the Alte Land, are signs of Dutch influence, while geographical names such as Hollern, Hollerdeich, Holländerbruch, Nincop and Ladekop have a similar origin.

Fruit cultivation developed from around the mid-19th century. At that time wharves flourished too, because the harvests were transported in flat-bottomed coastal sailing boats via the waterways to be sold in the neighbouring towns (Hamburg,

L'Alte Land et ses trois « Meilen » (secteurs)

Dès le 12ème siècle environ, l'Alte Land fut systématiquement petit à petit peuplé à partir de Stade. En tant que maître du pays, l'archevêque de Brême Friedrich embaucha des spécialistes hollandais pour aider à la conquête sur l'eau de terrains le long de l'Elbe et à leur assèchement. Du 15ème siècle date l'appellation « Meile » attribuée à chacun des trois secteurs, qui partagent l'Alte Land. Le Premier « Meile » est limité par les rivières Schwinge et Lühe, le Deux-ième y est contigu, de la Lühe jusqu'à l'Este, et le Troisième se situe entre l'Este et l'Alte Süderelbe près de Moorburg.

Avant l'endiguement et l'assèchement, ce bout de terre n'était que faiblement peuplé. Vers 600 avant JC s'établirent ici les « Chauken » et plus tard les Saxons (2ème siècle après JC), qui pratiquaient déjà l'agriculture et l'élevage, comme il l'a été démontré. Les lieux dont le nom se termine par -fleth (ex.Bassenfleth,T wielenfleth, etc) trahissent encore leur origine saxonne.

Marques de l'influence hollandaise : les digues et les Fleete et Wettern qui courent en droites lignes à intervalles réguliers et ont marqué jusqu'à aujourd'hui l'Alte Land, mais aussi des noms géographiques comme Hollern, Hollerdeich, Holländerbruch, Nincop et Ladekop qui renvoient encore maintenant à la provenance des colons.

La culture fruitière s'est développée depuis le milieu du 19ème siècle. A cette

erträge wurden mit Ewern, plattbodigen Frachtsegelschiffen, über die Wasserwege zum Verkauf in die umliegenden Städte (Hamburg, Stade und Buxtehude) gebracht. Doch erst nach dem Zweiten Weltkrieg verschwanden Ackerbau und Viehzucht weitgehend, der Obstanbau hatte sich als hauptsächliche Erwerbsquelle durchgesetzt.

Land am Wasser

Sein angenehmes Klima verdankt das Alte Land der nahen Nordsee und seit jeher prägt dic Elbe das Land und die Menschen. Sie verleiht dem schmalen Landstrich sein maritimes Flair, ihr sind die fruchtbaren Böden zu verdanken, die sich im immerwährenden Wechsel der Gezeiten bildeten. Sie bestimmte über das Leben der Menschen, bescherte ihnen ihr Auskommen oder zerstörte es mit ihren Fluten. Bis heute muss das Land vor dem Wasser verteidigt werden, davon zeugen die Deiche und unzähligen Entwässerungsgräben, die das Alte Land wie ein Netz durchziehen: Die Geschichte der Region ließe sich auch als eine Geschichte von Sturmfluten, Dammbrüchen und Zerstörungen schreiben. Die ständige Überflutungsgefahr wird dem Besucher oft nicht bewusst, wenn er das im Schutze seiner Deiche liegende Alte Land erkundet.
Schifffahrt und Fischerei haben hier in der Vergangenheit eine große Rolle gespielt, wie zum Beispiel in der Dritten Meile noch heute sichtbar ist. In Cranz-

Stade, Buxtehude). It was not until after World War II that agriculture and cattle-breeding diminished and fruit-growing became the main source of income.

Land by the water

The Alte Land owes its pleasant climate to the nearby North Sea. And from the beginning, the Elbe has moulded both the countryside and its people and has given this narrow strip of land its maritime flair. It also provided the fertile soil which was formed by the ceaseless motion of the tides. It shaped the people's lives, providing them with their livelihood but also destroying it in times of flood. To this day, the land has to be protected against flooding as witnessed by the network of dykes and countless drainage ditches criss-crossing the Alte Land. Thus, the region's history could also be chronicled in terms of storm tides, the breaching of dams and destruction. The continuous danger of flooding is not always obvious to the visitor discovering the Alte Land with its protective dykes.
Shipping and fishing also played an important part in the past here as can be seen for instance in the Third Mile, where the oldest wharf in northern Germany, the Sietas-Werft (family-owned since 1635), is to be found in Cranz-Neuenfelde.

époque prospéraient les affaires des chantiers navals, car les récoltes étaient transportées par voie fluviale sur des gabares à fond plat, pour être vendues dans les villes environnantes (Hambourg, Stade et Buxtehude). Ce n'est qu'après la Seconde Guerre Mondiale qu'agriculture et élevage disparurent radicalement, la culture fruitière s'était imposée comme principale source de revenus.

Une région au bord de l'eau

L'Alte Land doit son climat agréable à la proximité de la mer du Nord et depuis toujours le pays et les hommes sont marqués par l'Elbe. Elle confère à cette étroite bande de terre son caractère maritime, on lui doit les sols fertiles, qui se sont formés grâce à l'alternance des marées. Elle décidait de la vie des hommes, leur offrait de quoi vivre ou le détruisait dans ses flots. Jusqu'à maintenant le pays doit être protégé de l'eau, comme en témoignent les digues et les innombrables fossés de drainage qui traversent l'Alte Land, tels un filet. L'histoire de la région pourrait donc s'écrire en termes d'inondations, de ruptures de digues et de destructions. Le visiteur, qui découvre l'Alte Land bien à l'abri de ses digues n'est pas souvent conscient du risque permanent d'inondation.
La navigation et la pêche ont ici joué un grand rôle dans le passé, comme on peut encore le voir dans le Troisième « Meile », par ex. A Cranz-Neuenfelde se trouve le plus ancien chantier naval

Neuenfelde befindet sich die älteste Werft Norddeutschlands, die Sietas-Werft (seit 1635 in Familienbesitz).

Blütenmeer und Baudenkmale

Mit seiner Fläche von 170 Quadratkilometern ist das Alte Land heute Nordeuropas größtes geschlossenes Obstanbaugebiet. Jährlich werden hier etwa 300.000 Tonnen Äpfel, Kirschen, Birnen, Pflaumen und andere Früchte geerntet. Denn das Klima ist günstig: Die nahe Elbe und die zahlreichen Fleete sorgen für milde Temperaturen und verringern das Frostrisiko.
Doch stetig ist der Wandel, das wissen auch die Altländer. Getreu ihrem Wahlspruch »Sto fast, kiek wiet un rögg di« (Steh fest, guck weit und sei tätig) suchen sie beharrlich neue und unkonventionelle Absatzmöglichkeiten auf den deutschen und europäischen Märkten. Auf den Wochenmärkten in ganz Norddeutschland bieten die Altländer Obstbauern ihre Früchte an und der Tourismus ist eine wichtige Einnahmequelle geworden. Nicht zuletzt sind die kundigen Gästeführerinnen und -führer in der Altländer Tracht ein besonderer Beweis für die gelungene Verbindung von Tradition und Gegenwart, wenn sie die Besucher durch das Alte Land begleiten.
Um diese einzigartige Kulturlandschaft mit ihren über 400 Baudenkmalen auch in Zukunft zu schützen, bemühen sich die Altländer um die Aufnahme ihrer Heimatregion in das Welterbe der UNESCO.

A sea of blossoms and historic buildings

The Alte Land, covering 170 square km, is today northern Europe's largest fruit-growing area. Around 300,000 tonnes of apples, cherries, pears, plums and other fruits are harvested here annually. The climate is favourable: the nearby Elbe and the numerous drainage ditches ensure mild temperatures, thus lessening the risk of frosts.
The people of the Alte Land are aware that time doesn't stand still. True to their motto: "Stand fast, look ahead and work hard" they are always on the lookout for new and unconventional selling opportunities in Germany as well as in the wider European market. Fruit from the Altland farms is on offer at weekly markets throughout northern Germany and tourism also has become an important source of income. Last but not least, the knowledgeable tourist guides dressed in Altland folk costume, who accompany visitors through the Alte Land, highlight the successful link between old traditions and the present day.
For the future protection of this unique cultural landscape, with its more than 400 historic buildings, the people of the Alte Land are seeking recognition for their home region as a UNESCO world heritage site.

d'Allemagne du Nord, le Sietas-Werft (propriété de la famille depuis 1635).

Mer de fleurs et monuments

Avec ses 170km², l'Alte Land est actuellement le plus grand territoire de culture fruitière d'Europe du Nord qui soit d'un seul tenant. Chaque année on récolte ici environ 300.000 tonnes de pommes, cerises, poires, prunes et autres fruits. Car le climat est favorable : l'Elbe proche et les nombreux canaux procurent des températures douces et réduisent le risque de gelées.
Mais tout change, les habitants le savent. Fidèles à leur devise « Sto fast, kick wiet un rögg di » (Tiens bon, vise loin et agis), ils cherchent constamment de nouvelles et inconventionnelles possibilités de vente sur les marchés allemands et européens. Leurs fruits sont sur les marchés de toute l'Allemagne du Nord et le tourisme est une importante source de revenus. Les guides expérimentés,qui accompagnent les visiteurs dans leur costume régional prouvent l'alliance réussie entre tradition et présent.
Pour également protéger dans l'avenir ce paysage unique de cultures avec ses plus de 400 monuments, les habitants sollicitent son classement au patrimoine mondial de l'UNESCO.

Jork ist der historische Mittelpunkt des Alten Landes. Der Gräfenhof aus dem 17. Jh. ist heute das Rathaus der Gemeinde. Über dem Eingang halten zwei Löwen ein Doppelwappen der Familien von Haren und von Bories.

Jork is the historic centre of the Alte Land. The Gräfenhof farm, dating from the 17th century, is today the town hall of this community. Above the entrance, two lions support the coats of arms of the von Haren and von Bories families.

Jork est le centre historique de l'Alte Land. Au-dessus de l'entrée de l'hôtel de ville du 17ème siècle, deux lions soutiennent un double blason des familles von Haren et von Bories.

Immer am ersten Wochenende im Mai küren die Altländer ihre Blütenkönigin (rechts), die dann ein Jahr lang als Botschafterin der Region fungiert. Sie trägt die Altländer Hochzeitstracht mit kostbarem Silberschmuck und den »Flunkkranz«, die traditionelle Blütenkrone mit Brokatflügeln. Ihr zur Seite steht die Blütenkönigin des Vorjahres, die sie bei ihren zahlreichen Terminen unterstützt.

Always on the first weekend in May the Altland people crown their blossom queen (right) who then reigns for one year as the region's ambassadress. She wears the typical Altland wedding dress adorned with precious silver jewellery, and the "Flunkkranz", the traditional crown of blossoms with brocade wings. At her side is the previous year's blossom queen who assists her in her many engagements.

C'est toujours le premier week-end de Mai que les habitants de l'Alte Land élisent leur reine des fleurs (à droite), qui fait fonction pendant une année d'ambassadrice de la région. Elle porte la robe de mariage de l'Alte Land avec la précieuse parure en argent et la « Flunkkranz », traditionnelle couronne de fleurs avec des cornettes en brocart. A son côté se tient la reine de l'année précédente qui l'assiste dans ses nombreuses obligations.

Zu allen Gelegenheiten, die der umfangreiche Altländer Festkalender im Jahresverlauf bietet, wird der Besucher Zeuge der lebendigen Trachtenkultur im Alten Land.

At the numerous festive events in the Altland calendar, visitors will witness the folk costume tradition still alive in the Alte Land.

En toutes occasions qu'offre, au cours de l'année, l'important calendrier des fêtes, le visiteur est témoin de la culture folklorique bien vivante dans l'Alte Land.

Wissenswertes über das Altländer Deichwesen, die Schifffahrt, den Obstanbau, das Handwerk u.v.m. gibt es im Museum Altes Land (Westerjork 49) zu sehen. Die Sammlung umfasst neben den technikgeschichtlichen Exponaten viele Alltagsgegenstände, vor allem auch eine beeindruckende Möbel- und Trachtensammlung.

In the Altes Land Museum (49 Westerjork) visitors will find valuable information about dyke-building, shipping, fruit-growing and other trades in the Alte Land, and much more besides. The collection includes technological history exhibits as well as many every-day items, in particular an impressive furniture and folk costume collection.

Au musée de l'Alte Land (n°19, Westerjork), on peut tout découvrir sur les digues, la navigation, la culture fruitière, l'artisanat et bien plus encore. La collection comprend, à côté d'objets appartenant à l'histoire de la technique, beaucoup d'ustensiles du quotidien, parmi lesquels une collection de meubles et costumes impressionnante.

Höhepunkt des alljährlichen Blütenfestes ist der Festumzug mit der frischgekrönten Blütenkönigin, die von Trachten- und Musikgruppen aus der Region begleitet wird.

The high point of the annual blossom celebration is the procession with the newly-crowned blossom queen accompanied by groups in traditional costume and musicians from the region.

Le plus beau moment de la célébration annuelle de la floraison, c'est le défilé avec la reine des fleurs tout nouvellement couronnée, accompagnée de groupes folkloriques de la région (avec costumes et musique).

Als größtes zusammenhängendes Obstanbaugebiet Nordeuropas ist das Alte Land eine einzigartige Kulturlandschaft. Etwa 300 Millionen Kilo Obst – hauptsächlich Äpfel, Kirschen, Birnen und Pflaumen – werden hier geerntet.

As the largest fruit-growing area in northern Europe the Alte Land presents a uniquely cultivated landscape. Around 300 million kilos of fruit – mainly apples, cherries, pears and plums – are harvested here annually.

L'Alte Land – le plus grand territoire de culture fruitière d'un seul tenant d'Europe du Nord – est un paysage cultivé sans égal. On y récolte environ 300 millions de kilos de fruits – principalement des pommes, des cerises, des poires et des prunes.

Die kundigen Gästeführerinnen und Gästeführer in ihrer historischen Tracht zeigen den Besuchern das Alte Land.
Hier stehen sie vor dem mit Buntmauerwerk und farbigen Knaggen reich verzierten Haus Gehrden Nr. 81, das aus dem Jahr 1716 stammt.

The knowledgeable tourist guides in their historic costumes show visitors through the Alte Land.
Here they are seen in front of the house at No. 81 Gehrden which dates from 1716 and is richly decorated with coloured bricks and supports.

Les guides expérimentés dans leur costume traditionnelle historique montrent l'Alte Land à leurs visiteurs.
Ici devant la maison datant de 1716, richement décorée de briques et poutres de couleur, au n°81 Gehrden.

Seit über 300 Jahren eine Altländer Besonderheit: Prächtige Prunkpforten schmücken die Hofeingänge wohlhabender Bauern. Sie sind reich verziert, im Torbogen oft mit Löwenköpfen und Trauben, dem Sinnbild der Fruchtbarkeit. Viele tragen einen lateinischen Sinnspruch.

For more than 300 years a typical Altland feature: splendid gateways decorate the entrances to wealthy farms. They are richly embellished often showing lion heads as well as grapes, a symbol of fruitfulness, in the arch. Usually they have a Latin epigram.

Une particularité depuis plus de 300 ans : de superbes portails d'honneur ornent les entrées de propriétés des paysans aisés. Ils sont richement décorés : têtes de lions et raisins, symbole de fertilité. Avec souvent une devise en latin.

LABORA DILIGENTER
NIHIL MELIUS NIHIL HOMINI LIBERO DIGNIUS QUAM AGRICULTURA
ATQUE ORA LIBENTER
A. D1900

Altländer Brauttüren werden traditionell nur zweimal geöffnet: zur Hochzeit, wenn der Ehemann seine Braut in das Haus führt, und nach einem Todesfall, wenn der Leichnam aus dem Haus getragen wird. Ausnahme: Bei Feuer dient sie als Nottür.

The Altland's bridal doors are traditionally opened on only two occasions: at the wedding, when the groom leads his bride into the house, and upon a death, when the corpse is carried out of the house. Exception: it is an emergency door in case of fire.

Les portes des mariées ne sont traditionnellement ouvertes que deux fois : Le jour du mariage, quand l'époux conduit la mariée dans la maison, et après un décès, quand on emporte le corps hors de la maison. Une exception : En cas d'incendie, elles servent d'issues de secours.

Giebelschmuck, z.B. Schiffe oder Giebelpfähle (oben/unten links), ist typisches Merkmal Altländer Bauernhäuser. Besonders charakteristisch sind der Lüheschwan (oben rechts) und der Esteschwan. Die Giebelzeichen sollten unheilbringende Geister und Mächte fernhalten.

Gable decorations as seen here (above/below, left) are typical features of farms in the Alte Land. The so-called Lüheschwan (above right) and Esteschwan are particularly characteristic. These gable signs were supposed to fend off ghosts and evil spirits.

Typique des fermes de l'Alte Land: la décoration des pignons (en haut et en bas à gauche). Très particuliers: le cygne de la Lühe (en haut à droite) et le cygne de l'Este. Ces ornements de pignons devaient tenir éloignés les esprits et les forces funestes

Nahezu jedes Dorf im Alten Land hat seine eigene Kirche – und jedes der zehn Gotteshäuser ist eine Besonderheit. Oben links St. Mauritius in Hollern mit einem Wehrturm aus dem 12. Jh., daneben St. Martini et St. Nicolai in Steinkirchen, unten die Fachwerkkirche St. Marien in Grünendeich und St. Martini in Estebrügge.

Almost every village in the Alte Land has its own church and each one of the ten places of worship is exceptional. Above left, St. Mauritius in Hollern, with its fortified tower dating back to the 12th century; next to it St. Martini et St. Nicolai in Steinkirchen; and below, the half-timbered St. Marien in Grünendeich and St. Martini in Estebrügge.

A peu près chaque village de l'Alte Land a sa propre église – et chacune de ces dix églises est particulière. En haut à gauche St Mauritius à Hollern avec son donjon du 12ème siècle, à côté St Martini et St Nicolai à Steinkirchen, en bas l'église à colombages St Marien à Grünendeich et St Martini à Estebrügge.

Ein wahrer Schatz sind die Orgeln des berühmten Orgelbaumeisters Arp Schnitger, der acht von zehn Altländer Kirchen mit seinen prächtigen Barock-Instrumenten ausgestattet hat. Die hier abgebildete Orgel in Neuenfelde gilt als eines seiner vollkommensten Meisterwerke.

Real treasures are the organs by Arp Schnitger, the famous organ-builder. His splendid Baroque instruments are installed in eight of the ten Altland churches. The organ seen here in Neuenfelde ranks as one of his supreme masterworks.

Ces orgues du célèbre facteur d'orgues Arp Schnitger sont un véritable trésor. 8 des 10 églises sont équipées de ses magnifiques instruments baroques. L'orgue de Neuenfelde représenté ici est estimé comme l'un de ses chefs d'œuvre.

Das Innere der Neuenfelder St. Pankratius-Kirche: Die prächtige Kanzelaltarwand wurde 1688 vom Hamburger Holzschnitzer Christian Precht geschaffen. Das Gotteshaus ist Wallfahrtsort für Orgelliebhaber, denn hier liegt Arp Schnitger begraben.

The interior of the Church of St. Pankratius in Neuenfelde: the splendid pulpit and altar were created in 1688 by the Hamburg wood-carver Christian Precht. The church is a place of pilgrimage for organ-lovers as Arp Schnitger is buried here.

L'intérieur de l'église St Pankratius de Neuenfelde. Le superbe rétable de la chaire fut réalisé en 1688 par le sculpteur sur bois hambourgeois Christian Precht. L'église est un lieu de pèlerinage pour les amateurs d'orgues, car Arp Schnitger y est enterré.

Während der Bauarbeiten an der Neuenfelder Orgel lernte Meister Arp Schnitger die Hamburger Kaufmannstochter Gertrud Otte aus Neuenfelde kennen und lieben. Der Erbhof ihrer Familie in Vierzigstücken wird noch heute »Orgelbauerhof« genannt.

During construction of the Neuenfelde organ, Arp Schnitger met and fell in love with the daughter of a Hamburg merchant, Gertrud Otte of Neuenfelde. Her family farm in Vierzigstücken is today still referred to as "Orgelbauerhof" (organ-builder's farm).

Pendant qu'il travaillait à l'orgue de Neuenfelde, le Maître Arp Schnitger connut et aima Gertrud Otte de Neuenfelde, fille d'un négociant d'Hambourg. La propriété héréditaire de sa famille à Vierzigstücken est encore aujourd'hui appelée « Orgelbauerhof » (la ferme du facteur d'orgues).

Altes Land, das bedeutet eindrucksvolles Fachwerk allerorten. Der Königsmarck'sche Hof in Borstel (l.o.), ein Bauernhaus von 1618 (r.o.) in Guderhandviertel Nr. 54, ein Haus auf dem Lühedeich (u.l.) und der älteste Profanbau des Alten Landes, ein Altenteilerhaus von 1587 (u.r.).

Altes Land – this means impressive half-timbered buildings everywhere: the Königsmarck'sche Hof in Borstel (above left); a farm from 1618 (above right) at No. 54 Guderhandviertel; a house on the Lühe dyke (below left); and the oldest secular building in the Alte Land, a retired farmer's house from 1587 (below right).

L'Alte Land, cela signifie des colombages impressionnants en tous lieux. En haut à gauche le domaine de Königsmarck à Borstel, en haut à droite une maison paysanne de 1618 au n°54 Guderhandviertel, en bas à gauche une maison sur la digue de la Lühe et en bas à droite la plus ancienne construction profane de l'Alte Land, une maison de reraités de 1587.

Typisch sind die Merkmale dieses Altländer Bauernhauses in Steinkirchen, Bürgerei 15: Auf dem vierfach vorgekragten Giebel eine Wetterfahne, die Brauttür ist reich verziert und mit mehreren Namen ehemaliger Besitzer versehen.

These features on an Altland farmhouse in Steinkirchen, 15 Bürgerei, are typical: four balustrades, a weathercock on the gable, and a richly-decorated bridal door on which the names of several former owners are inscribed.

Les caractéristiques de cette maison paysanne au n°15 Bürgerei, à Steinkirchen, sont typiques de l'Alte Land : sur le pignon à quatre saillies une girouette ; la porte de la mariée est richement ornée et pourvue de plusieurs noms d'anciens propriétaires.

Seit 1975 führt die »Hogendiekbrück« bei Steinkirchen wieder über die Lühe – zumindest für Fußgänger und Radfahrer. Anders als die 1942 abgebrochene Zugbrücke lässt sich das Denkmal allerdings nicht mehr öffnen.

Since 1975 the "Hogendiekbrück" across the Lühe, near Steinkirchen, has been functioning again – at least for pedestrians and cyclists. Unlike the drawbridge which was taken down in 1942 the present bridge cannot be opened.

Depuis 1975, l'Hogendiekbrück près de Steinkirchen traverse de nouveau la Lühe – au moins pour les piétons et les cyclistes. Contrairement au pont levant démoli en 1942, on ne peut plus, à vrai dire, ouvrir cet ouvrage.

Mit dem Fahrrad lässt sich das Alte Land wohl am besten erkunden. Besonders die Strecken entlang der Deiche – wie hier während der Kirschblüte an der Hogendiekbrücke – laden zu Ausflügen ein.

It is best to discover the Alte Land by bicycle. In particular, the tracks along the dykes, as seen here during cherry blossom time by Hogendiekbrücke, are an open invitation to cyclists.

C'est à vélo qu'on peut sans doute le mieux découvrir l'Alte Land. Les parcours le long des digues – comme ici pendant la floraison des cerisiers au pont Hogendiek – invitent à y randonner.

Wasserwege im Alten Land – die Elbzuflüsse Schwinge, Este und Lühe sind ein Paradies für Wasserwanderer und Freizeitkapitäne. Die Deichlandschaft links lockt zum Wandern und Weitgucken.

Waterways in the Alte Land – the Elbe tributaries Schwinge, Este and Lühe are a paradise for water-sports enthusiasts and leisure-time skippers. The dykes encourage one to walk and to gaze into the distance.

Voies navigables dans l'Alte Land – les affluents de l'Elbe, Schwinge, Este et Lühe sont un paradis pour les amateurs de promenades sur l'eau et les plaisanciers. A gauche, le paysage de digues incite à la randonnée et à regarder vers l'horizon.

Am Elbdeich in Twielenfleth: »Pötte gucken« ist hier eine beliebte Beschäftigung für Einheimische und Touristen.

At the Elbe dyke in Twielenfleth: "boat spotting" is a popular activity for locals and tourists alike.

Sur la digue de l'Elbe à Twielenfleth : « Regarder les bateaux » est ici un passe-temps favori des gens du pays comme des touristes.

Auf ihrem Weg flussabwärts oder in Richtung Hamburger Hafen passieren große Pötte das Alte Land.

Big ships pass by the Alte Land on their way down-river or towards Hamburg harbour.

Les grands navires longent l'Alte Land se dirigeant vers l'aval ou vers le port d'Hambourg.

Ferienstimmung an der Elbe: An warmen Tagen ist der Elbstrand eine echte Alternative zum mediterranen Kurzurlaub.

Holiday atmosphere by the Elbe: on warm days the Elbe beach is a real alternative to a trip to the Mediterranean.

Ambiance de vacances au bord de l'Elbe : quand il fait chaud, la plage est une véritable alternative au séjour méditerranéen

GER
86

Ruhig mal anhalten zwischendurch: die Altländer Sehenswürdigkeiten – hier Königreich, Buxtehuder Str. 24 – sind einen zweiten Blick wert.

Why not have a brief stop now and again to look at the sights of the Alte Land: No. 24 Buxtehuder Str. in Königreich is worth a second look.

Il ne faut pas hésiter à s'arrêter de temps en temps : les curiosités de l'Alte Land – ici à Königreich, n°24 Buxtehuderstr. – méritent un deuxième coup d'œil.

Eine der beiden erhaltenen Windmühlen im Alten Land: Die »Venti Amica« (Freundin des Windes) in Twielenfleth ist ein dreigeschossiger Galerieholländer aus dem 18. Jahrhundert. Der bei einem Brand zerstörte Oberbau wurde 1849/50 erneuert.

One of the two preserved windmills in the Alte Land: the "Venti Amica" (friend of the wind) is an 18th century three-storey Dutch-style gallery mill. The upper part was destroyed by fire and renewed in 1849/50.

L'un de deux moulins à vent préservés de l'Alte Land : le « venti amica » (amie du vent) est un hollandais de trois étages à galerie du 18ème siècle. La partie supérieure détruite lors d'un incendie fut rénovée en 1849/50.

Sinnlich-rote Versuchung – Kirschen sind die ersten Früchte der Saison. Behutsam werden sie im Juli und August von den zahlreichen Erntehelfern auf Leitern gepflückt und in Körben gesammelt.

Red temptation – cherries are the first fruits of the season. In July and August they are carefully collected in baskets by numerous harvesters on ladders.

Une tentation d'un rouge charnel – Les cerises sont les premiers fruits de la saison. En juillet et août, de nombreux saisonniers sur des échelles les cueillent avec précaution et les rassemblent dans des paniers.

Unvorstellbare Handarbeit auch bei Schietwetter: Jeder Apfel will einzeln vom Baum geerntet werden – bei über einer Milliarde Äpfeln pro Jahr keine leichte Aufgabe, die zudem Sachverstand und Geschick erfordert.

Incredible work done by hand in any weather: every apple has to be picked individually from the tree – and with over one billion apples a year this is not an easy task which also requires expertise and skill.

Un travail à la main inimaginable, même par sale temps : Chaque pomme va être cueillie séparément sur l'arbre. Avec plus d'un milliard de pommes par an, ce n'est pas une tâche facile et elle exige en outre compétence et habileté.

Traktoren ziehen die prall gefüllten Erntekisten auf Anhängern über die Straßen des Alten Landes: Die Äpfel werden von den Obstplantagen zu den Lagern transportiert.

During harvest time tractors pull fully-laden crates on trailers along the Alte Land roads. The apples are transported from the orchards to where they are stored.

Des tracteurs tirent à travers l'Alte Land, sur des remorques, les caisses débordantes de fruits récoltés : les pommes sont transportées des plantations jusqu'aux hangars de stockage.

Hoffeste locken die Besucher zu fast jeder Jahreszeit ins Alte Land. Im Mittelpunkt stehen dann vor allem die Spezialitäten des Alten Landes – je nach Saison. Knackiges Obst und alles, was man daraus zubereiten kann: leckere Kuchen, herzhafte Speisen und hochprozentige Brände.

The Alte Land farms attract visitors almost all year round, mainly because of the celebrated seasonal specialities that are on offer. Crunchy fruit and everything that can be made with it: lovely cakes, hearty dishes and powerful brandies.

Des fêtes à la ferme attirent les visiteurs en presque toutes saisons. Les spécialités de l'Alte Land sont avant tout au centre de ces fêtes – de beaux fruits selon la saison et tout ce que l'on peut en faire : de délicieux gâteaux, des plats savoureux et des eaux-de-vie fortement alcoolisées.

Appetitlich und einladend präsentieren sich die Straßenstände und Hofläden, die die Wege durch das Alte Land säumen. Eine gute Gelegenheit für die Besucher, sich mit den regionalen Spezialitäten zu versorgen.

The street stalls and farm shops along the roads in the Alte Land are tempting and inviting. A good opportunity for the visitor to stock up with regional specialities.

Appétissants et alléchants, les magasins à la ferme et les étals qui bordent les chemins de l'Alte Land. Une bonne occasion pour les visiteurs de s'approvisionner en spécialités régionales.

Die 114 Kilometer Deiche im Alten Land sind vielseitig nutzbar – Ausspannen, Wandern, Radfahren, Skaten ...

The 114 kilometers of dykes in the Alte Land can be used for very different purposes: for relaxation, hiking, cycling, skating …

Les 114 kilomètres de digues sont utiles de multiples façons –se détendre, se promener, faire du vélo ou du skateboard…

Links: Blick hinter den Deich, die Schafe faulenzen in der Frühlingssonne.

Left: a view behind the dyke, where sheep laze in the spring sun.

A gauche : un aperçu du paysage derrière la digue, les moutons paressent sous le soleil de printemps.

Schifffahrt und Reedereien haben Cranz geprägt – überdauert hat bis heute die Sietas-Werft an der Estemündung.

Shipping and shipping companies have given Cranz its characteristic features. The Sietas-Werft at the mouth of the Este survives to this day.

Navigation et sociétés d'armement ont marqué Cranz. Le chantier naval Sietas à l'embouchure de l'Este a survécu jusqu'à aujourd'hui.

Cranz – das Tor zum Alten Land – gehört seit 1937 zu Hamburg. Die alten Kapitänshäuser zeugen noch heute vom Wohlstand ihrer einstigen Besitzer.

Cranz, the gateway to the Alte Land, has belonged to Hamburg since 1937. The old captains' houses testify to the wealth of their former owners.

Cranz – la porte de l'Alte Land – fait partie depuis 1937 d'Hambourg. Les vieilles maisons de capitaines témoignent encore maintenant de la richesse de leurs propriétaires d'autrefois.

Cranz von der Este aus gesehen. Am »Alten Fährhaus« legt noch heute die Fähre Cranz–Blankenese an – wohl die entspannteste Verbindung zwischen der Hansestadt und dem Alten Land.

Cranz as seen from the Este. The Cranz–Blankenese ferry still docks at the "Alte Fährhaus" and offers the most relaxed connection between the Hanseatic city and the Alte Land.

Cranz vu de l'Este. La navette Cranz-Blankenese accoste aujourd'hui encore à l' »Alte Fährhaus ». C'est sans doute le moyen de communication le plus décontracté entre la ville hanséatique et l'Alte Land.

Blick von Cranz über die Elbe auf Hamburgs Nobelviertel Blankenese und den Süllberg.

A view from Cranz across the Elbe towards Hamburg's fashionable Blankenese-district and to the Süllberg.

A partir de Cranz et au-delà de l'Elbe : Vue sur Blankenese, le quartier élégant d'Hambourg, et le mont Süllberg.

Die Schafe, wie hier am Estedeich, sorgen nicht nur für idyllische Bilder: Sie halten die Grasnarbe kurz und treten den Boden mit ihren Hufen fest. So werden kleine Risse im Deich beseitigt.

Sheep as seen here at the Estedeich are not simply an idyllic sight. They keep the grass short and harden the soil with their hooves and in this way minor cracks in the dyke are eliminated.

Les moutons, comme ici sur la digue de l'Este, ne sont pas là seulement pour créer des images idylliques : ils gardent l'herbe rase et piétinent le sol avec leurs sabots, supprimant ainsi de petites fissures dans la digue.

Zahlreiche Entwässerungsgräben durchziehen die Marschlandschaft im Alten Land. Das überschüssige Wasser wird – wie hier an der Este – in die Flüsse abgeleitet.

Numerous drainage ditches criss-cross the fens in the Alte Land. Excess water is diverted into the rivers, as here at the Este.

De nombreux fossés de drainage traversent ces terres conquises sur l'eau. L'excédent d'eau est évacué dans les rivières – comme ici dans l'Este.

Der Estehof – ein Fachwerkhaus von 1669 – ist ein beliebtes Ausflugslokal. Links die Plastik »Der alte Schiffer« von Carsten Eggers im Zentrum von Estebrügge.

The Estehof-restaurant, a half-timbered building dating from 1669, is a popular destination for day-trippers. On the left: the sculpture "Der alte Schiffer" (the old sailor) by Carsten Eggers in the centre of Estebrügge.

L' »Estehof » - une maison à colombages de 1669 – est un café aimé des randonneurs. A gauche, la sculpture « Le vieux marin » de Carsten Eggers au centre d'Estebrügge.

Bis zum Jahr 1873 war die Estebrücke die einzige Verbindung zwischen der Zweiten und der Dritten Meile. Nur hier konnte man die Este zu Fuß oder mit dem Wagen überqueren. Die alte Zugbrücke wurde nach dem Zweiten Weltkrieg durch eine Drehbrücke ersetzt. Das Bild zeigt sie geöffnet, Schiffe können passieren.

Until 1873 the Estebrücke was the only connection between the Second and Third Miles. Only here was it possible to cross the Este on foot or by carriage. The old drawbridge was replaced by a swing bridge after the Second World War. Here it is seen open and passable for ships.

Jusqu'en 1873, le pont Estebrücke était l'unique liaison entre la Deuxième et la Troisième « Meile ». On ne pouvait traverser l'Este qu'ici, à pied ou en voiture. Le vieux pont levant fut remplacé après la Seconde Guerre Mondiale par un pont tournant. La photo le montre ouvert, les bateaux peuvent passer.

Ein lanzenbewehrtes Eingangsportal mit einem Wappen von 1772 ziert die Esteburg in Estebrügge, die einst der Familie Schulte von der Lühe gehörte (heute Privatbesitz).

A guarded entrance way with a coat of arms from 1772 decorates the Esteburg in Estebrügge, once the property of the Schulte von der Lühe family (today privately owned).

Une porte d'entrée protégée par des lances, avec un blason de 1772, orne l'Esteburg à Estebrügge, qui appartint autrefois à la famille Schulte von der Lühe (aujourd'hui propriété privée).

Hof Palm an der Stellmacherstr. 9 in Neuenfelde wurde 1619 gebaut. Die Prunkpforte trägt die Inschrift: »Respice finem ora et labora. Esto nully claudaris – Honeste Otto Palm 1884« (Bedenke das Ende, bete und arbeite. Du offene Pforte sei keinem Ehrlichen verschlossen).

"Hof Palm" at No. 9 Stellmacherstr. in Neuenfelde was built in 1619. The splendid gateway carries the inscription: "Respice finem ora et labora. Esto nully claudaris – Honeste Otto Palm 1884" (Consider the end, pray and work. Gate that is open, do not close to any honourable man).

La Hof Palm au n°9, Stellmacherstr. à Neuenfelde, fut construite en 1619. Le portail d'honneur porte l'inscription : « Respice finem ora et labora. Esto nully claudaris – Honeste Otto Palm 1884 » (Pense à la mort, prie et travaille. Que la porte ne soit fermée à aucun honnête homme).

Frostschutz für die zarte Apfelblüte: Sinken die Temperaturen noch im Frühjahr unter den Gefrierpunkt, werden die Bäume mit einem Sprinklersystem befeuchtet. Eine dicke Eisschicht legt sich um die Bäume und schützt die Blüten.

Protection against frost for the delicate apple blossoms. The trees are moistened with sprinkler systems if in spring temperatures still fall below zero. A thick layer of ice forms around the trees and the blossoms are unharmed and protected.

Protection contre le gel pour la fragile fleur de pommier : Si les températures baissent au printemps au-dessous de zéro, on humidifie les arbres par un système d'arrosage. Une épaisse couche de glace se forme alors autour d'eux et les fleurs restent au chaud, bien protégées.